LE
MARIAGE DES PRÊTRES

DEVANT

LA COUR DE CASSATION

PAR

Louis SARRUT

Docteur en droit, substitut près la Cour de Paris.

PARIS

L. LAROSE ET FORCEL

Libraires-Éditeurs

22, RUE SOUFFLOT, 22

1887

LE

MARIAGE DES PRÊTRES

DEVANT LA COUR DE CASSATION

LE
MARIAGE DES PRÊTRES

DEVANT

LA COUR DE CASSATION

PAR

Louis SARRUT

Docteur en droit, substitut près la Cour de Paris.

***

PARIS

L. LAROSE ET FORCEL

Libraires-Éditeurs

22, RUE SOUFFLOT, 22

—

1887

MARIAGE DES PRÊTRES

DEVANT

LA COUR DE CASSATION

De récentes décisions judiciaires ont ramené l'attention sur la question de la validité du mariage des prêtres. La Cour de cassation sera très prochainement appelée à se prononcer (1).

Il nous semble opportun de réunir les principaux éléments de cette controverse célèbre (2).

(1) Le pourvoi centre l'arrêt de la Cour d'Amiens (v. *infra*, p. 29) a été admis le 31 mai 1886. L'affaire est, à la Chambre civile, au rapport de M. le Conseiller Merville.

(2) Cette brochure est la reproduction presque textuelle d'articles publiés par nous dans le journal judiciaire *La Loi*, n°ˢ des 15-18 avril 1883, à l'occasion d'une proposition de loi présentée à la Chambre des députés par M. Saint-Martin le 28 novembre 1881 (*Journal officiel*. Documents parlementaires, décembre 1881, p. 1843). Cette proposition de loi, qui se référait en outre aux mariages entre beau-frère et belle-sœur, grand-oncle et petite-nièce, tendait à l'insertion dans l'article 164 du Code civil, d'une disposition ainsi conçue : « Il n'est admis d'autres prohibitions au mariage que celles portées par le présent Code, et qui sont limitatives, ou par les lois militaires. » — Considérée dans son objet, la proposition de loi de M Saint-Martin peut invoquer de nombreux précédents. En 1833, immédiatement après l'arrêt de la Chambre des Requêtes du 21 février (seconde affaire Dumonteil), Portalis, fils du rapporteur de la loi du 18 germinal an X et du titre du mariage au Code civil, présenta la proposition suivante : « Il est interdit aux tribunaux d'admettre dans aucun cas d'autres empêchements au mariage que ceux qui sont nominativement

Deux principes certains, incontestés, dominent la matière et doivent être dégagés tout d'abord.

PREMIER PRINCIPE. — En supposant que les canons de l'Église catholique, qui prohibaient le mariage du prêtre, aient été reçus et, par conséquent, aient obtenu force de loi dans l'ancienne France (1), du moins, toutes les interdictions canoniques ont été levées par la législation révolutionnaire, et notamment par loi du 19 février 1790 et par la Constitution du 3 septembre 1791 qui proclament « que la loi ne reconnaît plus ni vœux religieux, ni aucun autre enga-

énoncés au titre du mariage, au Code civil. » A la suite d'une discussion dans laquelle intervinrent Dupin et Berryer, la prise en considération fut votée (*Moniteur Universel* du 24 février 1833, p. 501 et 506). En 1848, une pétition au Comité des cultes de l'Assemblée Nationale tendait à la proclamation par le législateur du droit pour le prêtre de se marier Le Comité conclut à l'ordre du jour contre la pétition sur un rapport de M. du Fougeroux. La question ne fut pas discutée en séance publique. En 1850, l'Assemblée législative fut saisie à son tour par une proposition ainsi conçue du représentant Raspail : « Il est interdit à tout maire, ou autre fonctionnaire public, de s'opposer désormais à la célébration du mariage d'un citoyen en état de satisfaire à toutes les conditions énoncées au titre V, livre 1er, du Code civil, à quelque profession religieuse que ce citoyen appartienne, et quelque vœu de chasteté qu'il ait précédemment fait. » Le rapport de M. Moulin conclut au rejet de la prise en considération (*Moniteur Universel*, 8 janvier 1851, p 64-65) et la question préalable fut votée (*Moniteur Universel*, 24 janvier 1851, p. 247). Enfin la proposition de M. Saint-Martin a été soumise le 10 mars 1879 à la Chambre des députés. Elle a été l'objet d'un rapport sommaire, favorable, de M. Paul Casimir Perrier, et prise en considération le 8 mars 1881 (*Officiel* 17 mars 1879, p. 2572 ; 10 juin 1880, p. 6317 et 9 mars 1881).

(1) Merlin (Conclusions sur l'arrêt de cassation du 12 prairial an XI) et Dupin (Conclusions sur l'arrêt de la Chambre des Requêtes du 21 février 1833) ont soutenu que les décrétales des papes et les canons des conciles, sur lesquels les Parlements s'appuyaient pour déclarer nul le mariage des prêtres, n'ont jamais été sanctionnés en France par l'autorité législative, et qu'en conséquence, au moment de la Révolution, aucune loi française n'avait déclaré les prêtres incapables de se marier (Comp. note de A. Dalloz jeune *D. Répertoire*, v. Culte p. 751). Quoi qu'il en soit, doctrine et jurisprudence modernes s'accordent à proclamer que dans l'ancienne France l'usage et la jurisprudence des Parlements étaient constants, unanimes, et faisaient véritablement loi (Comp. Aubry et Rau, 5, p. 94 et note 10 ; Demolombe, *Traité du mariage*, 1, p. 197, n. 131).

gement qui serait contraire aux droits naturels et ne considère le mariage que comme contrat civil ».

Deuxième principe. — Le Code civil n'énumère pas la prêtrise parmi les empêchements au mariage, il n'indique pas les personnes ayant qualité pour attaquer le mariage du prêtre (Aubry et Rau, *cours de droit civil français*, 4e éd. t. V, page 94, note 14). Or, il n'existe point, en matière de mariage, de nullités virtuelles. Les seules causes qui autorisent à provoquer l'annulation d'un mariage, sont celles à raison desquelles la loi a textuellement ouvert une action en nullité. D'un autre côté, le droit de demander, soit par voie d'action, soit par voie d'exception, l'annulation d'un mariage n'appartient qu'aux personnes auxquelles la loi l'a formellement accordé (Aubry et Rau, t. V, pages 42-43 et notes 2-3).

En résumé, le mariage du prêtre est formellement autorisé par les lois de la Révolution, il n'est pas interdit par le Code civil ; donc, *au regard de cette double législation,* le prêtre est, comme un citoyen ordinaire, absolument capable de contracter mariage.

Les partisans de l'incapacité du prêtre le concèdent, mais voici leur argumentation. «Antérieurement, à la promulgation du Code civil, disent-ils, les articles organiques de la convention du 26 messidor an IX, appelée Concordat, promulgués comme lois de l'État par la loi du 18 germinal an X (8 avril 1802), ont remis en vigueur les anciens canons en ce qui concerne la discipline ecclésiastique, et notamment ceux qui interdisaient le mariage du prêtre. Les lois révolutionnaires sont donc virtuellement abrogées, et quant au Code civil, il n'a pu, loi générale, déroger aux articles organiques du Concordat, qui sont une loi spéciale : *generalia specialibus non derogant.* »

L'argumentation ci-dessus est la base unique de la jurisprudence de la Cour de cassation, contraire à la validité du mariage du prêtre (1). Elle aboutit à faire de l'engagement dans les ordres un empêchement *dirimant.* En effet, les canons de l'Église, à partir du XIIe siècle, et notamment le vingt-et-unième canon du concile de Latran et le neuvième canon du concile de Trente, 24e session, déclarent nul le mariage contracté au mépris de leurs prohibitions (2). Donc, rattacher aux canons de l'Église l'incapacité pour le prêtre de contracter mariage, c'est déclarer que l'empêchement est dirimant. Aussi, dans le célèbre arrêt du 26 février 1878 (Aupy), par lequel a été rejeté le pourvoi contre l'arrêt de la Cour de Rennes annulant un mariage, la Cour de cassation a pu s'approprier, en ajoutant seulement quelques mots, les deux arrêts qu'elle avait rendus le 21 février 1833 (Dumonteil) et le 23 février 1847 (Vignaud), et qui statuaient sur une opposition à mariage (3). C'est donc bien à tort qu'on

---

(1) Il n'y a plus à s'occuper de l'argument, sans portée du reste, qu'on essayait de tirer de l'article 6 des Chartes de 1814 et de 1830, aujourd'hui abrogées.

(2) Concile de Latran : « Presbyteris. diaconis, subdiaconis. monachis... et matrimonia contrahere penitus interdicimus. *contracta quoque matrimonia* ab hujusmodi personis disjungi. . judicamus. » Concile de Trente : « Si quis dixerit clericos in sacris ordinibus constitutos, vel regulares castitatem solemniter professos, posse matrimonium contrahere, *contractumque validum esse*, nonobstante lege ecclesiastica vel voto, anathema sit. »

(3) Arrêt de la Chambre des Requêtes du 26 février 1878. « Attendu

s'était vivement ému de l'arrêt de 1878 : la solution
qu'il contient se dégageait nécessairement des motifs
des deux arrêts antérieurs, qui s'étaient bornés, il est
vrai, à considérer la prêtrise comme un empêchement
prohibitif mais uniquement parce que le litige ne por-
tait pas sur un mariage accompli.

Le système de la jurisprudence de la Cour de cassation se décompose en deux propositions qu'il y a
lieu d'examiner successivement.

PREMIÈRE PROPOSITION. — Les articles 6 et 26
des articles organiques soumettent les prêtres catholiques aux canons reçus en France, et, par conséquent,
à ceux qui prohibaient et annulaient le mariage des
prêtres.

Notons ces mots « articles organiques ». Qu'est-ce
bien que cela ? La convention conclue le 26 messidor
an IX (15 juillet 1801) entre le pape Pie VII et le premier Consul, et qui porte spécialement le nom de
Concordat, réglait les rapports entre le gouvernement français et le saint-siège, organisait un régime
légal pour l'Église catholique en quelque sorte offi-

---

qu'il résulte des articles 6 et 26 de la loi organique du Concordat de germinal an X, que les prêtres catholiques sont soumis aux canons qui étaient
alors reçus en France, et, par conséquent, à ceux qui prohibaient le
mariage aux ecclésiastiques engagés dans les ordres sacrés, *et déclaraient
nuls les mariages contractés au mépris de cette prohibition;* Attendu que le
Code civil et les lois constitutionnelles ne renfermant aucune dérogation
à cette loi spéciale, l'arrêt attaqué, *en déclarant nul et de nul effet le mariage
contracté,* le 4 avril 1869, entre Aupy, prêtre catholique, et la demoiselle
Lemignon, n'a pu violer aucune loi. » — Sauf l'addition des mots : « et
déclaraient nuls les mariages contractés au mépris de cette prohibition »,
et la substitution aux mots « en interdisant le mariage dont il s'agit »,
des mots « en déclarant nul et de nul effet le mariage contracté », l'arrêt de
1878 reproduit textuellement l'arrêt du 23 février 1847, qui lui-même était
la copie littérale de l'arrêt du 21 février 1833.

ciellement rétablie. Le premier Consul détruisait en partie l'œuvre de la Révolution ; il s'écartait en tous cas de la règle posée dans l'article 354 de la Constitution du 5 fructidor an III (22 août 1795) : « Nul ne peut être forcé de contribuer aux dépenses d'un culte. La République n'en salarie aucun. » Les historiens les plus autorisés reconnaissent que le sentiment public fut froissé, que même les grands corps de l'État se montrèrent hostiles (1). Il fallut à Bonaparte des efforts d'autorité pour faire accepter le Concordat, et obtenir la sanction du pouvoir législatif. Il dut notamment annexer au Concordat, comme appendice, les articles organiques qui avaient pour objet de rappeler, en les aggravant, les maximes de notre Église gallicane (2). Ces articles organiques furent l'œuvre du gouvernement français seul ; aussi le pape Pie VII protesta-t-il solennellement dans le consistoire du 24 mai 1802. Ils ne peuvent donc valoir contre le saint-siège au même titre que le Concordat, c'est-à-dire comme convention ; mais ils sont obligatoires, pour la Cour de Rome et pour le clergé, comme tout

(1) Henri Martin, *Histoire de France depuis 1789 jusqu'à nos jours,* 2ᵉ édition, III, page 173 ; Thiers, *Consulat,* III, page 451. On connaît la réponse célèbre du général Delmas à Bonaparte, qui, le jour de la proclamation du Concordat par une fête religieuse, lui demandait ce qu'il en pensait : « C'est une belle capucinade, il n'y manque que deux millions de Français qui se sont fait tuer pour détruire ce que vous rétablissez. »

(2) Comp. discours de Thiers prononcé le 12 mai 1845 à la Chambre des députés (Interpellation sur l'exécution des lois de l'État à l'égard des congrégations religieuses). La loi du 18 germinal an X (8 avril 1802) est ainsi conçue : « La convention passée à Paris le 26 messidor an IX entre le pape et le gouvernement français... *ensemble les articles organiques de ladite convention,* seront promulgués et exécutés comme des lois de la République. »

acte émané du droit de haute police qui appartient à l'État.

Bien plus, à part quelques dispositions qui ne sont que le développement, comme par une sorte de règlement d'administration publique, des principes posés au Concordat, les articles organiques constituent un ensemble de prescriptions minutieuses édictées contre le pouvoir ecclésiastique dans le but de le limiter, de l'entraver même au profit de l'autorité civile. L'autorisation du gouvernement est à tout propos exigée ; ainsi, elle est nécessaire pour la publication en France des bulles et décrets des synodes, pour la tenue des conciles, pour la sortie des évêques de leur diocèse, pour l'établissement de chapitres cathédraux et séminaires. Les évêques doivent visiter annuellement et en personne une partie de leur diocèse. Tout privilège portant exemption ou attribution de la juridiction épiscopale est aboli. Tous établissements ecclésiastiques, autres que les chapitres cathédraux et séminaires, sont supprimés (1). Les évêques choisis pour l'enseignement dans les séminaires doivent souscrire la déclaration de 1682 et se soumettre à en enseigner la doctrine. Les cas d'abus sont énumérés et la procédure à suivre pour l'appel est tracée. On trouve dans les articles organiques jusqu'à des règlements sur le costume des ecclésiastiques, sur les qualifications qui peuvent leur être données, et l'article 14 ne va-t-il pas jusqu'à exiger que les évêques nouvelle-

(1) Cette disposition des articles organiques a été visée à l'appui des décrets du 29 mars 1880, relatifs aux congrégations religieuses non autorisées,

ment nommés soient examinés sur leur doctrine par
un évêque et deux prêtres, commis par le premier
Consul ? Ainsi, le pouvoir séculier, non content de
réglementer, vexatoirement parfois, jusqu'aux moin-
dres détails, n'hésite pas à empiéter sur les droits de
l'autorité religieuse en matière de dogme (1). Comment, dès lors, pourrait-on admettre que ces mêmes
articles organiques, destinés à calmer les préoccupa-
tions de l'esprit public, hostile à la restauration officielle du catholicisme, rédigés sans le concours du
saint-siège, attentatoires aux droits de l'Église, aient
pu ressusciter les anciens canons, renverser les ba-
ses de notre droit public moderne, attribuer aux vœux
monastiques, au mépris des lois constitutionnelles,
vieilles de dix ans à peine, l'effet de rejeter toute une
catégorie de citoyens en dehors du droit commun, de
les dépouiller d'une faculté naturelle, imprescriptible,
inaliénable, et de courber l'autorité civile devant le
pouvoir ecclésiastique ? Une telle abdication, si le
pouvoir civil l'avait consentie, c'est dans le Concordat

(1) La Cour de Rome ne s'est pas méprise et, dès le 18 août 1803, le
cardinal Caprara, légat du saint-siège, était chargé de transmettre à
M. de Talleyrand, ministre des relations extérieures, une dépêche officielle
dont voici les premières lignes : « Monseigneur, je suis chargé de récla-
mer contre cette partie de la loi du 18 germinal que l'on a désignée sous
le nom d'articles organiques. La qualification qu'on donne à ces articles
paraîtrait d'abord faire supposer qu'ils ne sont que la suite naturelle et
l'explication du Concordat religieux ; cependant, il est de fait qu'ils n'ont
pas été concertés avec le saint-siège, qu'ils ont une extension plus grande
que le Concordat, et qu'ils établissent en France un code ecclésiastique
sans le concours du saint-siège. Comment Sa Sainteté pourrait-elle l'admettre, n'ayant pas été invitée à l'examiner ? Ce code a pour objet la
doctrine, les mœurs, la discipline du clergé, les droits et les devoirs des
évêques et le mode d'exercice de leur juridiction. Or, tout cela tient aux
droits imprescriptibles de l'Église. » (Comp. Jules Baissac, *le Concordat de
1801 et les articles organiques*, p. 40 et suiv.)

que nous la trouverions constatée. Dans ce contrat, discuté pied à pied, la Cour de Rome aura sans doute exigé, en échange de ce qu'elle considère comme des concessions, que le célibat des prêtres soit adopté comme article de loi. Non ! Le Concordat est muet, de sorte que ce serait spontanément, alors qu'il veut tenir en échec la puissance ecclésiastique et se donner des armes, que le premier Consul aurait interdit le mariage aux prêtres en restituant autorité aux anciens canons, qui sont précisément l'affirmation des prétentions de l'Église !

Et pourquoi donc une contradiction si choquante, un tel acte de faiblesse équivalent à une trahison ? La religion catholique n'était certes pas redoutable, et il n'y avait pas lieu de compter avec elle (1). C'est Napoléon lui-même qui va nous le dire : « Lorsque je saisis le timon des affaires, j'avais déjà des idées sur tous les grands éléments qui cohésionnent la société ; j'avais pesé toute l'importance de la religion ; j'étais persuadé, et j'avais résolu de la rétablir. Mais on croirait difficilement les résistances que j'eus à vaincre pour ramener le catholicisme. On m'eût suivi plus volontiers si j'eusse arboré la bannière protestante ; c'est au point qu'au Conseil d'État, où j'eus grande peine à faire adopter le Concordat, plusieurs ne se rendirent qu'en complotant d'y échapper. Eh bien ! se disaient-ils l'un à l'autre, faisons-nous protestants, et cela ne nous regardera pas Il est sûr, après le désordre auquel je remédiais, que sur les ruines où

(1) Henri Martin, *loc. cit.*, p. 151 et suiv.

je me trouvais placé, je pouvais choisir entre le catholicisme et le protestantisme ; et il est vrai de dire encore que les dispositions du moment poussaient toutes
à celui-ci (1). »

Consulterons-nous Portalis, le rapporteur de la loi
du 18 germinal an X? Il explique en termes fort clairs
que la question du mariage des prêtres s'est posée
et qu'elle a été résolue par une distinction conforme
au droit moderne. Le prêtre pourra-t-il ou non contracter mariage ? Ce sera simplement affaire de discipline ecclésiastique, mais la législation civile con-
servera toute sa force, et, à ses yeux, le prêtre jouira
des mêmes pérogatives qu'un citoyen ordinaire. Sans
doute, le prêtre qui se marie devra, si l'Église l'exige,
s'abstenir de l'exercice du sacerdoce, puisque la religion catholique dont il est le ministre considère le
célibat ecclésiastique comme une institution essen-
tielle, une condition *sine quâ non* de l'admission aux
vœux ; mais, pour la loi civile, le mariage est autorisé, inattaquable et produit ses effets ordinaires (2).

(1) Hinard, *Dictionnaire Napoléon*, p. 92, v. Catholicisme.
(2) Nous croyons devoir reproduire *in extenso*, d'après le *Moniteur Universel* (n° 196, 16 germinal an X, p. 788 et 789), la partie du rapport de Portalis qui concerne notre question. Il n'est pas rare de voir les partisans de l'incapacité du prêtre en citer des fragments et tirer argument de ces citations tronquées. « Quelques personnes se plaindront peut-être de ce que l'on n'a pas conservé le mariage des prêtres, et de ce que l'on n'a pas profité des circonstances pour épurer un culte que l'on présente comme trop surchargé de rites et de dogmes. Mais, quand on admet ou que l'on conserve une religion, il faut la régir d'après ses principes. L'ambition que l'on témoigne et le pouvoir que l'on voudrait s'arroger de perfectionner arbitrairement les idées et les institutions religieuses, sont des prétentions contraires à la nature même des choses... La prohibition du mariage, faite aux prêtres catholiques est ancienne ; elle se lie à des considérations importantes. Des hommes consacrés à la Divinité doivent être honorés, et. dans une religion qui exige d'eux une certaine pureté corpo-

La distinction faite par Portalis ressort très nette-
ment du texte des articles organiques invoqués par la
Cour suprême. Art. 6 : « Il y aura recours au Conseil
d'État dans tous les cas d'abus de la part des supé-
rieurs et autres personnes ecclésiastiques. Les cas
d'abus sont : l'usurpation ou l'excès de pouvoir ; la
contravention aux lois et règlements de la République ;
l'*infraction des règles consacrées par les canons reçus*

relle, il est bon qu'ils s'abstiennent de tout ce qui pourrait les faire soup-
çonner d'en manquer. Le culte catholique demande un travail soutenu
et une action continuelle ; on a cru devoir épargner à ses ministres les
embarras d'une famille. Enfin, le peuple aime, dans les règlements qui
tiennent aux mœurs des ecclésiastiques, tout ce qui porte le caractère de
la sévérité. et on l'a bien vu, dans ces derniers temps, par le peu de con-
fiance qu'il a témoigné aux prêtres mariés. On eût donc choqué toutes les
idées en annonçant sur ce point le vœu de s'éloigner de tout ce qui se pratique chez les autres nations catholiques... Le célibat des prêtres ne
pourrait devenir inquiétant pour la politique ; il ne pourrait devenir nui-
sible qu'autant que la classe des ecclésiastiques serait trop nombreuse,
et que celle des citoyens destinés à peupler l'État ne le serait pas assez.
C'est ce qui arrive dans les pays qui sont couverts de monastères, de
chapitres, de communautés séculières et régulières d'hommes et de
femmes, et où tout semble éloigner les hommes de l'état du mariage et
de tous les travaux utiles. Ces dangers ont été écartés par nos lois, dont
les dispositions ont mis dans les mains du gouvernement des moyens faciles
de concilier l'intérêt de la religion avec celui de la société. En effet,
d'une part, nous n'admettons plus que les ministres dont l'existence est
nécessaire à l'exercice du culte, ce qui diminue singulièrement le nombre
des personnes qui se vouaient anciennement au célibat; d'autre part,
pour les ministres même que nous conservons et à qui le célibat est
ordonné par les règlements ecclésiastiques, la défense qui leur est faite
de ce mariage par ces règlements n'est point consacrée comme *empêchement dirimant* dans l'ordre civil ; ainsi, leur mariage, s'ils en contractaient
un, ne serait point nul aux yeux des lois politiques et civiles, et les enfants
qui en naîtraient seraient légitimes ; mais, dans le for intérieur et l'ordre
religieux, ils s'exposeraient aux peines spirituelles prononcées par les lois
canoniques. Ils continueraient à jouir de leurs droits de famille et de cité,
mais ils seraient tenus de s'abstenir de l'exercice du sacerdoce. Consé-
quemment, sans affaiblir le nerf de la discipline de l'Église, on conserve
aux individus toute la liberté et tous les avantages garantis par les lois
de l'État. Mais il eût été injuste d'aller plus loin et d'exiger pour les
ecclésiastiques de France, comme tels, une exception qui les eût décon-
sidérés auprès de tous les peuples catholiques et auprès des Français
même auxquels ils administreraient les secours de la religion. »

en France; l'attentat aux libertés, franchises et cou-
tumes de l'Église gallicane, et toute entreprise ou
tout procédé qui, dans l'exercice du culte, peut com-
promettre l'honneur des citoyens, troubler arbitrairement leur conscience, dégénérer contre eux en oppres-
sion, en injure ou en scandale public. » Art. 26 :
« Les évêques ne pourront ordonner aucun ecclésiastique s'il ne réunit *les qualités requises par les canons
reçus en France.* » Ce dernier article a été fort justement appelé par Dupin (1) : la loi électorale du clergé.
Le clergé, corps de fonctionnaires, tient à l'organi-
sation politique de l'État ; aussi le gouvernement ne
peut-il admettre que l'autorité ecclésiastique soit maî-
tresse absolue des conditions de recrutement. Il faut
que les règles du droit ecclésiastique français soient
respectées, et, notamment, que le candidat à la prêtrise réunisse les qualités requises par les canons reçus en France. — Ces qualités manquent-elles, le
gouvernement peut s'opposer à l'installation. Donc,
le gouvernement se réserve le droit de rechercher,
parmi les canons reçus en France, ceux dont il juge
utile de maintenir l'application. Mais la question qui
nous occupe ne se rattache pas aux rapports de
l'Église et de l'État, seul objet du Concordat et des
articles organiques, elle a trait aux droits des citoyens
au regard de notre loi civile. Soit donc un citoyen
marié qui veut entrer dans les ordres : l'autorité ecclésiastique et le pouvoir séculier seront d'accord

(1) Conclusions sur l'arrêt de la Chambre des Requêtes du 21
février 1833.

pour s'y opposer ; dès lors, le mariage sera un obstacle à l'admission dans les ordres, le laïque marié n'aura pas qualité pour être reçu prêtre. Soit encore un laïque ayant contracté mariage et admis par erreur à prononcer ses vœux : l'autorité ecclésiastique et le gouvernement prendront telles mesures qu'ils jugeront utiles pour l'empêcher d'exercer les fonctions de son ministère. Mais où voit-on que le mariage contracté antérieurement à l'ordination sera nul, que le seul fait d'entrer dans les ordres produira effet rétroactif, dissoudra un mariage conclu avec entière capacité ? C'est précisément la validité du mariage qui rend impossible l'ordination. Dire que le postulant doit réunir, pour entrer dans les ordres, les conditions requises par les canons, c'est dire tout simplement que si l'une ou plusieurs de ces conditions font défaut, l'ordination ne peut avoir lieu. S'est-on jamais avisé de prétendre que les conditions apposées à l'entrée de telle ou telle fonction publique rétroagissaient sur la capacité civile ? Supposons maintenant un ecclésiastique régulièrement installé, va-t-il échapper au droit de surveillance et de haute police du gouvernement ? Assurément non. — Le gouvernement a prévu de la part du clergé des excès de pouvoir, des entreprises d'empiètement, il juge utile de prendre des précautions. L'article 6 des articles organiques lui réserve le recours au Conseil d'État. Cet article énumère les cas d'abus, parmi lesquels figure l'infraction aux règles consacrées par les canons reçus en France. Donc, si un prêtre commet un abus, s'il viole les canons reçus, si notamment il contracte mariage, toute personne intéressée peut le déférer au Conseil d'État. Mais encore une fois ce n'est pas là le point en litige. Je demande si l'autorité civile pourrait se refuser, alléguant la qualité de prêtre, à célébrer le mariage ; je demande si nos tribunaux pourraient annuler le mariage contracté en invoquant la prêtrise comme empêchement dirimant. L'article 6 ne répond pas à cette question. Il me dit que le prêtre qui se marie est justiciable du Conseil d'État, et qu'il encourt la déclaration d'abus. Je vois bien une pénalité pour le prêtre qui enfreint ses vœux, manque à ses devoirs, mais où est donc édictée l'incapacité civile de ce même prêtre ? où est l'injonction à l'autorité civile de considérer ce prêtre comme hors du droit commun, comme dépouillé des facultés naturelles ? Quels rapports y a-t-il donc entre les obligations qui incombent au prêtre comme fonctionnaire, comme ministre du culte, et ses droits comme citoyen, comme homme ? Un prêtre se marie : interdisez-le, vous, autorité ecclésiastique ; empêchez-le d'exercer, vous, pouvoir séculier ; opposez-vous à ce qu'il usurpe sur les lois de l'Église et le droit de police de l'État, mais respectez les droits imprescriptibles de l'homme et du citoyen.

Cette solution est seule respectueuse de la liberté. Autant serait inique la prétention du pouvoir civil d'imposer à l'Église un ministre du culte rebelle aux prescriptions de la discipline ecclésiastique, autant ce serait méconnaître les droits sacrés de la conscience que de refuser au prêtre la possibilité de revenir à la

vie civile en pleine capacité. Le prêtre regrette ses
vœux ; son cœur, qu'il espérait vainement contenir,
lui échappe en irrésistibles élans, il soupire après une
famille, sa foi n'est plus assez vivante, son ministère
sera stérile, sa conscience se trouble, ses forces ne
suffisent pas aux sacrifices que l'Église demande, il
faut qu'il rompe. Mais sera-t-il donc libre s'il ne doit
rentrer dans la Société que mutilé, comme frappé de
mort civile, impuissant à créer une famille ? Non. Et
il étouffera l'impérissable besoin d'aimer, il restera
dans cette Église à laquelle il n'est plus attaché, il con-
tinuera l'exercice d'un ministère pour lequel il n'a
plus vocation ? Qu'avez-vous fait de sa conscience et
de son cœur ?

Oui, sans doute, le prêtre catholique est soumis aux
canons reçus en France ; oui, encore, si vous le vou-
lez, il restera de par ces canons prêtre toujours.
Quand même, malgré lui, ses vœux l'envelopperont
comme une tunique de Nessus. Mais qui proclame
cette persistance de la qualité de prêtre ? L'Église
seule. C'est donc l'Église seule qui peut s'en prévaloir. Sinon, ce n'est pas seulement le prêtre catholique
qui sera soumis aux canons, c'est la loi civile elle-
même. Ne prétendez-vous pas, en effet, que la loi civile doit, relativement aux prêtres, appliquer, sanc-
tionner les prohibitions canoniques ? Vainement le
prêtre qui pose sa robe, cesse son ministère, deman-
dera protection à l'autorité civile ; vainement il fera
valoir que, ni les lois constitutionnelles, ni les lois civiles ne le frappent d'incapacité, qu'aucun texte n'é-

dicte un empêchement à son mariage; l'autorité civile, servante de l'Église, *ancilla Ecclesiæ,* devra respectueusement s'incliner. Conçoit-on un tel empiètement de l'autorité ecclésiastique, un tel bouleversement des principes de notre droit public?

Pour en mesurer la portée, supposons qu'un prêtre catholique se présente à l'état civil pour contracter mariage avec une dispense du souverain pontife. L'histoire est là pour attester que ce n'est pas chose impossible (1). « Eh bien! dit excellemment J.-B. Sirey (2), en un tel cas, refuseriez-vous à ce prêtre, religieusement dispensé du célibat, la faculté de se marier? Lui opposeriez- vous un vœu spirituel dont il aurait été relevé par le souverain pontife? Impossible à vous de dire non, car vous n'avez pas de loi civile nouvelle qui ait prévu le cas, et vos propres doctrines vous ramènent à la pratique ancienne. Donc le prêtre catholique, dispensé du célibat par le souverain pontife, sera civilement autorisé à se marier. Ainsi, dans notre France constitutionnelle, au xıxe siècle, un mariage civil serait ou ne serait pas autorisé, selon qu'il aurait plu au souverain pontife! »

Mais voici une difficulté bien plus grave: « Un prêtre insiste pour obtenir la célébration civile de son mariage, alléguant que son ordination est entachée de nullité pour inobservation des règles canoniques ou que son vœu lui a été arraché par la violence. Est-ce que des tribunaux laïques seraient compétents pour

(1) Comp. notamment affaire Charouceuil. Bordeaux, 20 juillet 1807 et Cass., 16 octobre 1809.
(2) En note sur l'arrêt de Paris du 27 décembre 1828. S. 1829 p. 35-36.

statuer sur des questions de cette nature ? La disposition qui prohiberait le mariage des personnes liées
par un vœu vis-à-vis de l'Église n'exigerait-elle pas,
comme complément nécessaire, le rétablissement des
tribunaux ecclésiastiques, des anciennes officialités ?
Ne faudrait-il pas, dèslors, admettre au sein de l'État,
des tribunaux étrangers à l'État, et une procédure par-
ticulière, et les appels en Cour de Rome et la prépon-
dérance en France des décisions d'une juridiction
étrangère ? M. Serrigny et M. Demolombe avaient
bien raison lorsque, examinant la valeur des arguments
sur lesquels on a essayé de faire prévaloir en France
l'opinion que le mariage des prêtres était prohibé par
la loi, ils s'écriaient : « Si ces arguments sont fondés,
nous nous faisons forts d'en faire sortir logiquement
l'ancien régime tout entier (1). »

Il y a peut-être quelque exagération dans cette der-
nière affirmation, car on n'a jamais osé alléguer que
les canons de l'Église fussent devenus lois *pour tous
citoyens;* on se borne à soutenir qu'ils sont obligatoires *pour les ecclésiastiques,* en ajoutant d'ailleurs qu'à
leur encontre ils font autorité même dans le domaine
de la vie civile. Mais, ainsi qu'on l'a fait justement re-
marquer, même réduite à ces termes, la prétention
aboutit à des conséquences inacceptables. « Si un
juge ecclésiastique ordonnait, en conformité des canons, qu'un prêtre serait tenu de se retirer dans un
monastère, pour y être retenu, etc., et y jeûner, etc.,
pourrait-on invoquer pour le contraindre à l'obéis-

(1) Huc. *Le Code civil Italien et le Code Napoléon,* tome I, p. 50-52.

sance l'appui du bras séculier ? Y aurait-il, oui ou non, délit de séquestration arbitraire si on le retenait contre sa volonté ? Empêcherait-on un prêtre d'embrasser une profession ou d'exercer un métier qui lui serait interdit par les canons (1). » Ajoutons dans le même ordre d'idées l'hypothèse suivante: les canons reçus en France interdisent positivement le commerce aux ecclésiastiques (Dalloz, *Répertoire,* v. Culte, n° 122, p. 754); l'ecclésiastique qui voudra se soustraire aux conséquences de la qualité de commerçant, notamment à la faillite, à la banqueroute, sera-t-il admis à invoquer les canons et à se prétendre inhabile à faire le commerce, tout comme le mineur qui n'est pas autorisé par le conseil de famille ? Évidemment oui, si les canons, en ce qui concerne les ecclésiastiques, l'emportent sur notre législation civile. Voilà certes pour le clergé un moyen bien commode de se livrer en toute sécurité aux opérations si chanceuses du commerce !

Concluons : Les canons de l'Église reçus en France régissent les ecclésiastiques, mais seulement au point de vue de la discipline et dans le domaine du for intérieur. Le gouvernement est en outre autorisé à s'en prévaloir, et tel est l'unique objet des articles 6 et 26 des articles organiques ; c'est ainsi que le prêtre qui se marie ne saurait être admis à continuer son ministère. Mais aux yeux de la loi civile, le prêtre est demeuré *integri status ;* sa capacité à tous égards est pleine et

(1) Proposition de loi de M. Saint-Martin. Exposé des motifs. *Officiel,* 27 mars 1879, p. 2573. Comp. M. Labbé, note au recueil de Sirey sur l'arrêt de la Chambre des Requêtes du 26 février 18-8.

entière. Il n'existe pas à son encontre d'empêchement au mariage, même prohibitif. Les circonstances dans lesquelles les articles organiques sont intervenus, l'intention clairement manifestée du législateur, les termes mêmes des articles organiques, les principes fondamentaux de notre droit public moderne, enfin les conséquences inadmissibles auxquelles aboutirait la prétention contraire, la condamnent irrévocablement.

DEUXIÈME PROPOSITION. — Le Code civil, loi générale, n'a pu déroger aux articles organiques du Concordat, qui sont une loi spéciale.

Il semble inutile d'examiner cette deuxième proposition, dès l'instant qu'il est établi que les articles organiques n'ont en aucune façon innové sur le droit de la Révolution confirmé par le Code civil. Considérons-la néanmoins à titre subsidiaire.

La loi spéciale l'emporte sur la loi générale, dit-on. Cette prétendue règle d'interprétation n'est écrite nulle part dans notre droit. Ne conviendrait-il pas, en tous cas, de distinguer entre les lois exorbitantes du droit commun et les lois favorables ? Une loi spéciale défend ce qui n'est pas illicite en soi, ou prive une catégorie de citoyens de l'exercice de facultés naturelles ; une loi postérieure est libérale, générale en ses termes : pourquoi ne pas incliner à admettre qu'elle déroge à la loi précédente, puisqu'elle consacre un retour au droit commun et proclame l'égalité ?

Mais du moins, cette prétendue règle d'interprétation fléchira devant la déclaration formelle du législateur. Si la loi générale postérieure est précise, éclairée par des travaux préparatoires qui ne laissent subsister aucun doute, il n'y a pas lieu à interprétation, et dès lors la règle : *Generalia specialibus non derogant,* est sans application.

Or, voici comment s'exprime Portalis dans l'exposé des motifs de la loi relative au mariage (1) : « Sous l'ancien régime, les institutions civiles et les institutions religieuses étaient intimement unies. Les magistrats instruits reconnaissaient qu'elles pouvaient être séparées, ils avaient demandé que l'état civil des hommes fût indépendant du culte qu'ils professaient. Ce changement rencontrait de grands obstacles. Depuis, la liberté des cultes a été proclamée. Il a été possible alors de séculariser la législation. On a organisé cette grande idée, qu'il faut souffrir tout ce que la Providence souffre, et que la loi, qui ne peut forcer les opinions religieuses des citoyens, ne doit voir que des Français, comme la nature ne voit que des hommes... Les droits de la souveraineté sont inaliénables et imprescriptibles. La loi civile peut donc aujourd'hui ce qu'elle pouvait autrefois, et elle a dû reprendre l'exercice du droit d'accorder des dispenses, depuis que le contrat de mariage a été séparé de tout ce qui concerne le sacrement. Si les ministres de l'Église peuvent et doivent veiller sur la sainteté du sacrement, la puissance civile est seule en droit de veiller sur la validité du contrat. Les réserves et les précautions dont les ministres de l'Église peuvent user

____

(1) Dalloz, *Répertoire*, v. Mariage, p. 149, n° 3, 1re col. et p. 151, n° 18, 2e col.

pour pourvoir à l'objet religieux, ne peuvent, dans aucun cas ni en aucune manière, influer sur le mariage même, qui est en soi un objet temporel. *C'est d'après ce principe que l'engagement dans les ordres sacrés, le vœu monastique et la disparité de culte qui, dans l'ancienne jurisprudence, étaient des empêchements dirimants, ne le sont plus.* Ils ne l'étaient devenus que par les lois civiles, qui prohibaient les mariages mixtes, et qui avaient sanctionné par le pouvoir coactif les règlements ecclésiastiques relatifs au célibat des prêtres séculiers et réguliers. Ils ont cessé de l'être depuis que la liberté de conscience est devenue elle-même une loi de l'État, et l'on ne peut certainement contester à aucun souverain le droit de séparer les affaires religieuses d'avec les affaires civiles, qui ne sauraient appartenir au même ordre de choses, et qui sont gouvernées par des principes différents. » De son côté, le tribun Doutteville, chargé de présenter le vœu du Tribunat sur la loi relative au mariage, disait au Corps législatif (1) : « Les législateurs d'une grande nation sont, pour l'universalité des citoyens, ce que la Providence est pour l'universalité des peuples. Et puisque la Providence elle-même n'empêche pas et, sans doute, ne rejette pas des vœux offerts avec des intentions pures, qu'en un mot, elle souffre la diversité des cultes, il faut qu'à son exemple le législateur sépare du contrat civil tout ce qui touche à un ordre plus relevé ; et, pour parler le langage des sages jurisconsultes auxquels la nation devra tant de reconnaissance pour

(1) Dalloz, *loc. cit.*, p. 159, n° 71, 1re col.

lcur premier travail, que la loi ne considère dans le mariage que le contrat civil, et laisse à la plus entière liberté de chacun ce qui appartient à des sentiments qui, plus indépendants, n'en seront que plus purs et plus respectés. Grâces soient donc rendues à la sagesse du gouvernement, qui a eu soin ici de rappeler que la liberté de conscience est une loi de l'État, une des plus importantes garanties des droits des citoyens ! Voilà, citoyens législateurs, ce qui imprimera à la loi sur le mariage le caractère d'une haute sagesse, et la rendra l'une des plus utiles à la paix publique, à la prospérité nationale. »

Voilà certes des travaux préparatoires desquels l'intention du législateur jaillit lumineuse : au titre du mariage, au Code civil, le législateur a voulu consacrer à nouveau les principes posés par le droit de la Révolution : « La loi ne voit que des Français comme la nature ne voit que des hommes... Le mariage est un contrat civil...; la liberté de conscience une loi de l'État, l'engagement dans les ordres sacrés n'est plus un empêchement dirimant. » Portalis n'écarte, il est vrai, que l'empêchement dirimant (1) et on a voulu conclure de là que, dans son intention, la prêtrise constituait du moins un empêchement prohibitif. L'argument n'est pas juste ; Portalis ne s'occupe que de l'empêchement dirimant, parce qu'il songe à l'ancienne jurisprudence qui considérait comme dirimant l'engagement créé par les vœux monastiques. On a soutenu encore que Portalis et l'empereur avaient

(1) De même dans le rapport sur la loi du 18 germinal an X.

modifié leur opinion, et on a invoqué des lettres écrites le 28 prairial an XIII (17 juin 1805), le 14 janvier 1806, le 30 janvier et le 9 février 1807, par Portalis, ministre des Cultes, en vertu d'une décision orale de l'empereur. Mais ces lettres ministérielles sont sans autorité légale (1) et ne signifient rien de la part d'un souverain peu scrupuleux à l'égard de la loi. Du reste, l'esprit d'une loi doit être recherché dans le rapport et l'exposé des motifs, non dans l'opinion personnelle que pourrait avoir dans la suite l'écrivain ou l'orateur. En ce qui concerne l'empereur, l'allégation est formellement contredite par la discussion qui eut lieu dans la séance du Conseil d'État, tenue le 20 décembre 1813 (2) : « Sa Majesté dit qu'il faudrait une loi sur les prêtres qui se marient... Il faut des dispositions législatives qui défendent le mariage des prêtres. » Tous les conseillers d'État estiment qu'il est besoin d'une loi et « Sa Majesté charge la section de législation de rédiger un projet de loi pour interdire le mariage aux prêtres catholiques ». Donc, l'empereur et son Conseil d'État tenaient pour certain *a priori* qu'en l'état de la législation, le mariage du prêtre était permis.

— Voici le relevé complet des documents de jurisprudence :

(1) Comp. Aubry et Rau, 5, p. 95.
(2) Cette séance est rapportée au recueil de Sirey. 1832, 2. 68-69

1° Jurisprudence de l'époque intermédiaire (avant le Concordat)

Fondée sur les lois de 1790 et 1791, cette jurisprudence n'admet pas d'empêchement au mariage.

Affaire Gras. — Bourges, 15 avril ou 14 mars 1809, S. 1809.2.206. D. Paternité et filiation, n° 461, pages 313 et 314.

Cass. rejet, 22 janvier 1812. S. 1812.1.161, D. *loc. cit.*, page 314 (Merlin, conclusions conformes).

Affaire Spiess. — Caen, 27 germinal an IX. D. Culte, n° 114, page 746.

Cass. civ., 12 prairial an XI. S. 1803.1.321. D. *loc. cit.* (Merlin, conclusions conformes résumées au *Journal du Palais*, tome 3, pages 305 et 306). Cassation pour un motif étranger à la question.

Rouen, 17 floréal an XII, S. 1804-1805. vol. 5.11.175. D. Culte, n° 115, page 748.

Cass., rejet. 3 floréal an XIII. S. *loc. cit.*, p. 173, D. *loc. cit.*

2° Jurisprudence postérieure au Concordat

A. Jurisprudence qui n'admet pas d'empêchement au mariage, soit prohibitif, soit dirimant.

Tribunal Sainte-Menehould, 18 août 1827.
Tribunal Nancy, 23 avril 1828.
Tribunal Cambrai, 7 mai 1828. S. 1829, 2. 36-39.

Tribunal Seine, 26 mars 1831 (2ᵉ affaire Dumonteil). D. Culte, n° 117, page 751. Jugement réformé par la Cour de Paris, 14 janvier 1832.

Tribunal Issoudun, 27 décembre 1831.

Tribunal Bellac, 26 juin 1845. S. 46.2.100. D. 46.2.45. Jugement réformé par la cour de Limoges, 17 janvier 1846.

Affaire Sterlin. — Amiens, 30 janvier 1886, D. 86.2.42. MM. Dauphin, 1ᵉʳ prés., Melcot, proc. gén., conclusions conformes.

B. *Jurisprudence qui considère l'engagement dans les ordres comme un empêchement au mariage.*

Affaire Charouceuil. — Bordeaux, 20 juillet 1807. S. 1809, 2.389. D. Culte, n° 115, page 748. Arrêt cassé (16 octobre 1809, S. 1810.1.60. D. Culte, *loc. cit.*), mais pour un motif étranger à la question.

Affaire L. M. — Tribunal Verceil, 3 avril 1811, S. 1812.2.241. D. Culte, n° 114, page 746. Turin, 30 mai 1811. S. *loc. cit.*, D. *loc. cit.*, page 747. (Voir consultation contraire de Parent Réal. S. page 243).

Affaire Martin. — Paris, 18 mai 1818. D. Culte, n° 115, page 749.

Première affaire Dumonteil. — Paris, 27 décembre 1828. S. 1829.2.33. D. Culte, n° 117, page 751.

Deuxième affaire Dumonteil. — Paris, 14 janvier 1832. S. 1832.2.65. D. *loc. cit.* — Arrêt rendu après partage et contrairement aux conclusions du procureur général Persil, rapportées *Journal du Palais,*

1831-1832, tome 24, pages 576 et suiv., et S. page 70.

Req. rejet, 21 février 1833. S. 1833.1.168. D. *loc. cit.* — Arrêt rendu contrairement aux conclusions du procureur général Dupin, rapportées *Journal du Palais,* tome 25, année 1833, pages 194 et suiv. et S. page 170.

Affaire Vignaud. — Limoges, 17 janvier 1846. S. 46.2.97. D. 46.2.34. Arrêt rendu après partage.

Req. rejet, 23 février 1847. S. 47.1. 177. D. 47.1.129.

Affaire de Montmilly. — Alger, 11 décembre 1851. S. 51.2.760.

Nota. — Toutes les décisions qui précèdent, mentionnées sous la lettre B, intervenues à l'occasion d'une opposition à mariage, n'ont eu qu'à déclarer l'existence d'un empêchement prohibitif. C'est seulement dans les espèces qui suivent qu'il s'est agi d'une demande en nullité de mariage, et que, dès lors, la jurisprudence a été amenée à reconnaître un empêchement dirimant.

Affaire Constant. — Tribunal de la Seine, 23 janvier 1865 ; inédit. « Attendu qu'il résulte des articles 6 et 26 de la loi organique du Concordat de germinal an X, que les prêtres catholiques, diacres et sous-diacres, sont soumis aux canons qui alors étaient reçus en France, et par conséquent à ceux qui prohibent le mariage aux ecclésiastiques engagés dans les ordres sacrés et prononcent la nullité du mariage contracté au mépris de cette prohibition. »

Affaire Aupy. — Rennes, 4 février 1876. S. 78.1. 244. D. 78.1.113.

Req. rejet, 26 février 1878. S. 78.1.241. D. *loc. cit.*

Affaire Sterlin. — Tribunal Clermont, 13 mars 1885. D. 86.2.42. Jugement réformé par la cour d'Amiens, 30 janvier 1886.

Affaire Rouet. — Tribunal Seine, 25 décembre 1886, 1re chambre (*Gazette des Tribunaux*, 31 décembre). MM. Flogny, prés., Falcimaigne, subst., conclusions contraires.

Ce tableau des documents judiciaires montre que la jurisprudence qui se prononce contre la validité du mariage du prêtre est loin de compter d'imposantes autorités. La plupart des arrêts de Cour d'appel sont intervenus après partage ou sur les conclusions contraires du procureur général. Les trois arrêts de la Cour de cassation émanent de la Chambre des requêtes, et le premier, dont les deux autres ne sont que la copie servile, a été combattu par Dupin. Il n'y a donc pas jurisprudence établie, et si l'on considère que la doctrine, à la presque unanimité, admet la validité du mariage du prêtre, on est autorisé à affirmer qu'aujourd'hui encore la question est entière et que les débats demeurent ouverts.

Saisie par le pourvoi formé contre l'arrêt de la Cour d'appel d'Amiens, la Cour de cassation rompra-t-elle enfin avec des précédents regrettables ? Réduira-t-elle à néant une doctrine audacieuse qui méconnaît ouvertement les principes fondamentaux de notre droit moderne ? Le 23 février 1833, au surlendemain du rejet de ses conclusions par la Chambre des requêtes (deuxième affaire Dumonteil), Dupin disait à la Chambre des députés : « La loi existe, il n'y a pas lieu à en recommander l'application aux tribunaux. C'est leur devoir de s'y conformer. Si on a commencé par mal juger, on finira par bien juger. » La Cour de cassation a mal jugé à trois reprises : en 1833, en 1847, en 1878; elle jugera bien en 1887. S'il en était autrement, le législateur devrait intervenir d'urgence et, par un texte formel, rendre toute controverse désormais impossible. Dans une société républicaine et laïque, il est inadmissible que les prescriptions de l'Église l'emportent sur les lois de l'État.

Avril 1887.

1700. — Imprimerie Rouillé-Ladevèze, DESLIS frères, successeurs.

9 782013 651448